学校寄席に挑戦！

林家三平の
みんなが元気になる英語落語入門

監修／大島希巳江
出演／林 家 三 平
編・著／こどもくらぶ

彩流社

はじめに

落語《らくご》ができたのは江戸時代《えどじだい》です。江戸時代《えどじだい》は、それまでの時《じ》代《だい》と異《こと》なり、３００年《ねん》あまりの長《なが》いあいだにわたり、戦乱《せんらん》がなく、商業《しょうぎょう》や工業《こうぎょう》が発展《はってん》し、さまざまな文化《ぶんか》が花開《はなひら》きました。落語《らくご》も、そうした文化《ぶんか》のひとつです。

およそ千《せん》ほどある落語《らくご》の話《はなし》には、しっかり者《もの》、おっちょこちょい、ぼうっとした人《ひと》、あわてんぼう、けちんぼう、そしておおらかな人《ひと》など、個性豊《こせいゆた》かな人《ひと》たちが登場《とうじょう》します。それらの登場《とうじょう》人物《じんぶつ》がおりなすこっけいな話《はなし》、とぼけた話《はなし》が、落語《らくご》です。

この本《ほん》に登場《とうじょう》する二代林家三平師匠《にだいはやしやさんぺいししょう》は、古《ふる》くから伝《つた》わる「古《こ》典落語《てんらくご》」をたいせつにしながら、創作小咄《そうさくこばなし》なども得意《とくい》とする落《らく》語家《ごか》。父親《ちちおや》、初代三平師匠《しょだいさんぺいししょう》は「昭和《しょうわ》の爆笑王《ばくしょうおう》」とよばれる小咄《こばなし》の達人《たつじん》でしたが、その血筋《ちすじ》を引《ひ》いて、初代《しょだい》が客席《きゃくせき》を笑《わら》わせた「**となりのうちに囲《かこ》いができたんだってねえ**」「**へえー**」といった小《こ》咄《ばなし》を、二代《にだい》がアレンジして「**となりのうちに囲《かこ》いができたんだってねえ**」「**へえ、かっこいい!**」といったぐあいに、現代《げんだい》の人《ひと》びとの笑《わら》いをさそっています。それだけではありません。二代《にだい》は、落語《らくご》をとおして英語圏《えいごけん》の人《ひと》にも中国語圏《ちゅうごくごけん》の人《ひと》にも日本《にほん》の文化《ぶんか》を広《ひろ》め、コミュニケーションをはかりたいと、英語《えいご》や中国語《ちゅうごくご》の落《らく》語《ご》にも挑戦《ちょうせん》しています。しかし、外国語《がいこくご》で日本人《にほんじん》の「笑《わら》い」を伝《つた》えることは、容易《ようい》なことではありません。

「囲《かこ》い」を**fence**《フェンス》、「へい」を**wall**《ウォール》と英語《えいご》で表現《ひょうげん》しても何《なん》のことかわかりません。ましてや「囲《かこ》い」を受《う》けて「かっこいい」は、どういったらよいのか?「かっこいい」を**cool**《クール》*といったところで、日本人《にほんじん》なら「さむー」と、いうかもしれません。でも、外国人《がいこくじん》にはさっぱり意味《いみ》がわかりません。

そこで三平師匠《さんぺいししょう》は、異文化《いぶんか》コミュニケーションにおけるユーモアの効果《こうか》について研究《けんきゅう》している、神奈川大学教授《かながわだいがくきょうじゅ》の大島希巳《おおしまきみ》江先生《えせんせい》の指導《しどう》を受《う》けました。大島先生《おおしませんせい》は１９９６年《ねん》から英語落《えいごらく》語《ご》のプロデュースを手《て》がけはじめ、三平師匠《さんぺいししょう》ほか多《おお》くの落語家《らくごか》に英語《えいご》の台本《だいほん》を提供《ていきょう》してきた方《かた》です。ご自身《じしん》でも落語《らくご》を演《えん》じ、これまで海外公演《かいがいこうえん》を世界《せかい》20か国《こく》ほどでおこなってきました。

この本《ほん》では、林家三平師匠《はやしやさんぺいししょう》に古典落語《こてんらくご》の「時《とき》そば」を英語《えいご》で演《えん》じてもらうとともに、大島希巳江先生《おおしまきみえせんせい》にも登場《とうじょう》してもらって、英語落語《えいごらくご》の世界《せかい》に読者《どくしゃ》のみなさんをいざないます。

みなさんには、落語《らくご》という日本《にほん》の伝統文化《でんとうぶんか》を、英語《えいご》でどのように表現《ひょうげん》するか、日本《にほん》と英語圏《えいごけん》の国《くに》ぐにとの文化《ぶんか》のちがいなどを、知《し》ってほしいと思《おも》います。

こどもくらぶ

* cool《クール》には、「すずしい」と「かっこいい」の意味《いみ》がある。

もくじ

英語《えいご》で演《えん》じる際《さい》のコツは、しぐさや表情《ひょうじょう》をオーバーに演《えん》じること。全身《ぜんしん》で表現《ひょうげん》しよう!

※この本《ほん》のパート3は、英語表記《えいごひょうき》のため左開《ひだりびら》きにしてあります。31(2)ページからお読《よ》みください。かっこ内《ない》の数字《すうじ》は、左開《ひだりびら》きの場合《ばあい》のページです。

落語《らくご》を演《えん》じる最大《さいだい》のコツは大《おお》きな声《こえ》でしゃべること。せりふをまちがえてもかまわない! 元気《げんき》よく演《えん》じよう!

パート3のマークの見方《みかた》

せりふをいう登場人物《とうじょうじんぶつ》と顔《かお》の向《む》きをしめしたイラストです。

このせりふにつける しぐさの写真《しゃしん》の番号《ばんごう》です。

英語《えいご》のせりふには読《よ》み方《かた》がカタカナで記《しる》してあります。英語《えいご》のせりふの下《した》には日本語《にほんご》の対訳《たいやく》があります。

パート3 林家三平師匠の英語で「時そば」
Sound of blowing on and eating noodles
フウフウふいてズルズル食べる
It's OK.
I can wipe it off.
Well, noodles are important.
too soft!
Sometimes noodles are too soft.
They are no good, but your noodles are...
あれはよくないよね、だけどお前さんとこのそばは……
So, do you use fish cake?
で、君んとこかまぼこ入れている?
Yes?
I have been looking for it, but I cannot find any.
Are you sure?
Ah, ah, I got one!
あ、ああ、あった!
No wonder I could not find it. it is very thin and is stuck to the bowl.
Sometimes other noodle shops use sponge cake instead.
That is terrible.
あれはひどいね。
23(10)

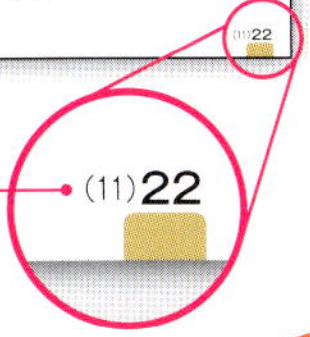

(11)22

せりふをいう際《さい》のしぐさです(演《えん》じる際《さい》には読《よ》まない)。

動作《どうさ》について解説《かいせつ》します。

このマークのあるところでは、次《つぎ》のせりふをいう前《まえ》に、少《すこ》し間《ま》をあけます。

かっこ内《ない》は左開《ひだりびら》きの場合《ばあい》のページをしめしています。

登場人物《とうじょうじんぶつ》の気持《きも》ちをマークでしめしています。

平静《へいせい》	うれしい	おこっている
悲《かな》しい	びっくり	あきれる
こまっている	わからない	

1 英語落語《えいごらくご》の歴史《れきし》

「英語落語《えいごらくご》」は、日本《にほん》の文化《ぶんか》である落《らく》語《ご》のおもしろさを世界《せかい》の人《ひと》にも知《し》ってもらおうとはじまりました。

英語落語《えいごらくご》の誕生《たんじょう》

英語落語《えいごらくご》の生《う》みの親《おや》となったのは、二《に》代桂《だいかつら》枝雀師匠《しじゃくししょう》です。1973年《ねん》に襲名《しゅうめい》した枝雀師匠《しじゃくししょう》は、天才的《てんさいてき》な落語《らくご》のセンスに努力《どりょく》を積《つ》みかさね「上方落語《かみがたらくご》の爆笑王《ばくしょうおう》」とよばれました。枝雀師匠《しじゃくししょう》は英語《えいご》に強《つよ》く興味《きょうみ》をもち、英会話学校《えいかいわがっこう》に通《かよ》いましたが、英会話《えいかいわ》では悪戦苦闘《あくせんくとう》したといいます。

そんなとき、英会話学校《えいかいわがっこう》の山本正昭《やまもとまさあき》校《こう》長《ちょう》から、落語《らくご》を英語《えいご》で演《えん》じてみてはどうかと提案《ていあん》されました。まもなく枝雀師匠《しじゃくししょう》と山本校長《やまもとこうちょう》、そしてアメリカ人講師《じんこうし》が協《きょう》力《りょく》して英語落語《えいごらくご》の台本《だいほん》づくりがはじまりました。

© ユニバーサルミュージック

▲桂枝雀師匠《かつらしじゃくししょう》は1999年《ねん》に亡《な》くなったが、アメリカ公演《こうえん》の落語《らくご》などがCD《シーディー》で残《のこ》っている。

台本《だいほん》づくりの苦労《くろう》

日本語《にほんご》の単語《たんご》をそのまま英語《えいご》に翻訳《ほんやく》しても、落語《らくご》のおもしろさはまったく伝《つた》わりません。その原因《げんいん》のひとつは、落語《らくご》は日本文化《にほんぶんか》を知《し》っているからこそ笑《わら》えるものということです。

▲英語落語《えいごらくご》に大笑《おおわら》いするアメリカの子《こ》どもたち。英語落語《えいごらくご》の演《えん》じ手《て》は、日本《にほん》の伝統《でんとう》や文化《ぶんか》を説明《せつめい》してから、落語《らくご》を演《えん》じるなど、工夫《くふう》をこらしている。

話《はなし》のおもしろさをささえる重要《じゅうよう》な部分《ぶぶん》が外国人《がいこくじん》にも伝《つた》わるようないいまわしをみんなで考《かんが》え、話《はな》しあいを重《かさ》ねて、英語《えいご》落語《らくご》の台本《だいほん》をつくっていったのです。

そうして1983年《ねん》の秋《あき》、京都外国語《きょうとがいこくご》大学《だいがく》の文化祭《ぶんかさい》で、はじめて英語落語《えいごらくご》を披露《ひろう》。その翌年《よくとし》には、アメリカで初《はつ》の英語《えいご》落語《らくご》の公演《こうえん》をおこないました。その後《ご》、英語落語《えいごらくご》の海外公演《かいがいこうえん》は、オーストラリアなどほかの国《くに》へもどんどん広《ひろ》がっていきました。

▲イスラエルでの大島希巳江先生《おおしまきみえせんせい》の英語落語公演《えいごらくごこうえん》のポスター。プログラムは「落語《らくご》の紹介《しょうかい》」「桃太郎《ももたろう》」「お菊《きく》の皿《さら》」。

大島《おおしま》希《き》巳江《みえ》先生《せんせい》の活躍《かつやく》

「はじめに」に紹介《しょうかい》した大島希巳江先《おおしまきみえせん》生《せい》は、異文化《いぶんか》コミュニケーションにおけるユーモアの効果《こうか》について研究《けんきゅう》しているうちに、落語《らくご》のすばらしさにどんどん引《ひ》きこまれていったといいます。まもなくして、古典落語《こてんらくご》や複数《ふくすう》の落語家《らくごか》たちのつくる新作落語《しんさくらくご》を英語《えいご》にしていくようになりました。

1997年《ねん》ごろには、桂《かつら》かい枝《し》師匠《ししょう》、桂《かつら》あさ吉《きち》師匠《ししょう》、笑福亭鶴笑《しょうふくていかくしょう》師匠《ししょう》らに自身《じしん》がつくった台本《だいほん》を提供《ていきょう》し、英語落語《えいごらくご》を覚《おぼ》えて演《えん》じてもらうようお願《ねが》いしました。落語家《らくごか》さんたちにとって英語《えいご》で落語《らくご》を演《えん》じるのははじめての試《こころ》み。単語《たんご》や発音《はつおん》を覚《おぼ》えて、練習《れんしゅう》をくりかえしました。そうした努力《どりょく》の末《すえ》、いっしょにアメリカやシンガポール、フィリピン、マレーシア、インド、オーストラリアなどで海外公演《かいがいこうえん》を実施《じっし》。どの国《くに》でも、大爆笑《だいばくしょう》を得《え》られたといいます。

ぼくは1999年《ねん》にシンガポールで、東京《とうきょう》の落語家《らくごか》としてはじめて、英語落語《えいごらくご》を演《えん》じたよ。

世界《せかい》に広《ひろ》がる英語落語《えいごらくご》

現在《げんざい》、英語落語《えいごらくご》を演《えん》じる人《ひと》も少《すこ》しずつ増《ふ》えてきています。そうしたなか、2007年《ねん》、桂《かつら》かい枝《し》師匠《ししょう》が、文化庁《ぶんかちょう》文《ぶん》化交流使《かこうりゅうし》に任命《にんめい》されました。また、外国人《がいこくじん》落語家《らくごか》も誕生《たんじょう》するようになりました。

英語《えいご》を楽《たの》しく学《まな》ぶ手段《しゅだん》としても、英語落語《えいごらくご》が広《ひろ》がっていきました。いまでは、英語《えいご》会話学校《かいわがっこう》の教室《きょうしつ》や、社会人《しゃかいじん》・大学生《だいがくせい》のサークル、ワークショップなど、子《こ》どもから大人《おとな》まで参加《さんか》できる英語落語《えいごらくご》のグループがつぎつぎ登場《とうじょう》しています。

▲インドでの英語落語《えいごらくご》の公演《こうえん》。多言語国家《たげんごこっか》のインドでは、公用語《こうようご》として日常的《にちじょうてき》に英語《えいご》が使用《しよう》されている。

2 英語落語《えいごらくご》をおこなう目的《もくてき》

英語落語《えいごらくご》の目的《もくてき》は、外国《がいこく》の人《ひと》たちを笑《わら》わせることではありません。笑《わら》いながら日本文化《にほんぶんか》をよりよく理解《りかい》してもらうことこそが、もっとも大《おお》きな目的《もくてき》だといわれています。

大島先生《おおしませんせい》の考《かんが》え

大島希巳江先生《おおしまきみえせんせい》は、「**ユーモアや笑《わら》いにつつんだメッセージは相手《あいて》に受《う》けいれられやすい、という効果《こうか》がある**」と考《かんが》えています。「**コミュニケーションをとるときに本当《ほんとう》にいいたいことをうまいジョークにくるんで伝《つた》えると、笑《わら》いながら相手《あいて》は聞《き》いてくれる**」といいます。とくに外国人《がいこくじん》とのコミュニケーションでは「**笑《わら》いがあると、相手《あいて》は寛容《かんよう》に受《う》けいれてくれる**」とも語《かた》っています。

写真提供：ビクターエンタテインメント

▲大島希巳江先生《おおしまきみえせんせい》、林家三平《はやしやさんぺい》（当《とう》時《じ》は「いっ平《ぺい》」）師匠《ししょう》、桂《かつら》あさ吉師匠出演《きちししょうしゅつえん》の英語落語《えいごらくご》のDVD《ディーブイディー》。古典落語《こてんらくご》は笑《わら》いとともに日本文化《にほんぶんか》を外国人《がいこくじん》に伝《つた》えることができる。

異文化理解《いぶんかりかい》のために

器《うつわ》を手《て》でもって音《おと》を立《た》ててそばを食《た》べるのは、日本《にほん》ではふつうのことです。それどころか、ご飯《はん》ぢゃわんなどをテーブルにおいたままご飯《はん》を食《た》べるのは、行儀《ぎょうぎ》が悪《わる》いこととされています。ところが、海外《かいがい》には手《て》で器《うつわ》をもつ方《ほう》がマナー違反《いはん》の国《くに》もあります。

古典落語《こてんらくご》の「時《とき》そば」（上方《かみがた》では「時《とき》うどん」）を聞《き》いた外国人《がいこくじん》は、器《うつわ》をもって音《おと》をたててそばを食《た》べる日本《にほん》の文化《ぶんか》を知《し》ることになります。

このように、日本文化《にほんぶんか》が満載《まんさい》の落語《らくご》は、外国《がいこく》の人《ひと》に日本文化《にほんぶんか》を知《し》ってもらう上《うえ》で大《おお》いに役立《やくだ》ちます。ところがそうはいっても、落語《らくご》に出《で》てくる日本文化《にほんぶんか》はほんの

▼林家三平師匠《はやしやさんぺいししょう》による、どんぶりを手《て》にもち、音《おと》をたててそばを食《た》べる「時《とき》そば」のしぐさ。外国人《がいこくじん》にとってこうした食《た》べ方《かた》はマナー違反《いはん》なため、演《えん》じる前《まえ》に説明《せつめい》をする必要《ひつよう》がある。

わずかな例《れい》でしかありません。英語落語《えいごらくご》の目的《もくてさ》は、ひとつひとつの具体的《ぐたいてき》な事柄《ことがら》を、外国人《がいこくじん》に理解《りかい》してもらうということではないのです。日本人《にほんじん》はこんなことをおもしろがって笑《わら》う。日本人《にほんじん》は、こういったユーモアのセンスをもっている。これらが日本人《にほんじん》らしさである、などといったことを外国人《がいこくじん》にわかってもらうことが、英語落語《えいごらくご》の目的《もくてき》なのです。いいかえれば、落語《らくご》に登場《とうじょう》することがらをとおして、日本文化《にほんぶんか》、さらには日本人《にほんじん》について、より深《ふか》く理解《りかい》してもらうことが、英語落語《えいごらくご》をおこなう目的《もくてき》といえます。

世界《せかい》に類《るい》を見《み》ない芸《げい》だからこそ英語《えいご》で

落語《らくご》の最大《さいだい》の特徴《とくちょう》は、ひとりの落語家《らくごか》が老若男女《ろうにゃくなんにょ》を何役《なんやく》も演《えん》じわけることだといわれています。しかも、しっかり者《もの》、おっちょこちょい、あわてんぼう、けちんぼう、ぼうっとした人《ひと》、おおらかな人《ひと》など、ひとつの話《はなし》のなかに何人《なんにん》もの個性《こせい》豊《ゆた》かな人物《じんぶつ》が登場《とうじょう》します。

実《じつ》は、落語《らくご》のようにひとりの人《ひと》がすわったままで、すべての役《やく》・すべての動《うご》きを演《えん》じるという芸《げい》は、世界《せかい》じゅうさがしても見《み》あたりません。

ところが、落語《らくご》に出《で》てくる人物《じんぶつ》は、どこの国《くに》にもいるのです。あわてんぼうもいれば、おおらかな人《ひと》もいます。なぜなら、落語《らくご》では、豊《ゆた》かな個性《こせい》の象徴《しょうちょう》として、いろいろな人物《じんぶつ》が演《えん》じられているからです。つまり落語《らくご》に登場《とうじょう》する人物《じんぶつ》は、国境《こっきょう》や文化《ぶんか》をこえて共通《きょうつう》なのです。この意味《いみ》では、落語《らくご》は、「世界共通《せかいきょうつう》の言語《げんご》」だといっても過言《かごん》ではありません。

中《ちゅう》3程度《ていど》の英語力《えいごりょく》があれば楽《たの》しめる

桂《かつら》かい枝《し》師匠《ししょう》は、落語《らくご》について、次《つぎ》のように述《の》べています。

「**座《すわ》ったままで、身《み》ぶり手《て》ぶりだけで、歩《ある》いたり、走《はし》ったり、空《そら》を飛《と》んだり、水《すい》中《ちゅう》にもぐったり、あらゆる動《うご》きを表現《ひょうげん》します。扇子《せんす》・手《て》ぬぐい以外《いがい》は、何《なに》もないシンプルな舞台《ぶたい》で、落語家《らくごか》は、生《い》きた言《こと》葉《ば》だけをあやつり、観客《かんきゃく》の頭《あたま》のなかに歴《れき》史《し》のなかの風俗《ふうぞく》や風物《ふうぶつ》、人《ひと》びとのくらしをあざやかにえがきだす**」「**落語《らくご》は何《なに》もないから何《なん》でもできる。何《なん》でもある。無限《むげん》の可能性《かのうせい》を秘《ひ》めた芸《げい》である**」と説明《せつめい》しています。大島先生《おおしませんせい》も、「**落語《らくご》はイマジネーションの芸《げい》であるので、英語《えいご》があまりわからなくてもだいじょうぶ**」だといっています。表情《ひょうじょう》や扇子《せんす》・手《て》ぬぐいをつかったしぐさを見《み》るだけで、英語《えいご》の言葉《ことば》を想像《そうぞう》できるというわけです。

大島先生《おおしませんせい》たちは、英語《えいご》を聞《き》いて笑《わら》える、見《み》て笑《わら》えるのは、中《ちゅう》3程度《ていど》の英《えい》語力《ごりょく》があればじゅうぶんだとして、英語落語《えいごらくご》を中学生《ちゅうがくせい》に広《ひろ》める活動《かつどう》に力《ちから》をそそいでいます。

▲大島希巳江先生《おおしまきみえせんせい》による中学校《ちゅうがっこう》での英語落語《えいごらくご》の公演《こうえん》。英語《えいご》がわからなくても、しぐさや表情《ひょうじょう》でシーンが想像《そうぞう》できるのも、英語落語《えいごらくご》の特徴《とくちょう》のひとつ。

3

冗談《じょうだん》に対《たい》する国民性《こくみんせい》

外国人《がいこくじん》から見《み》た日本人《にほんじん》のイメージとして、生《き》まじめで勤勉《きんべん》、あまり冗談《じょうだん》(ジョーク)を口《くち》にしないなどが指摘《してき》されています。でも、日本《にほん》人《じん》は本当《ほんとう》に冗談《じょうだん》が苦手《にがて》なのでしょうか。

日本人《にほんじん》は冗談《じょうだん》が苦手《にがて》？

ヨーロッパやアメリカの人《ひと》たちは、冗談《じょうだん》(ジョーク)を良好《りょうこう》な人間関係《にんげんかんけい》をつくるための手段《しゅだん》と考《かんが》えるのに対《たい》し、日本人《にほんじん》は、冗《じょう》談《だん》はその人《ひと》と良好《りょうこう》な人間関係《にんげんかんけい》が築《きず》けた証《あかし》と考《かんが》える傾向《けいこう》があるといわれています。

- **冗談《じょうだん》をいう習慣《しゅうかん》がない。**
- **冗談《じょうだん》は相手《あいて》に対《たい》して失礼《しつれい》となる。**
- **冗談《じょうだん》をいうのは、人間関係《にんげんかんけい》を考《かんが》えた上《うえ》で。親《した》しく(冗談《じょうだん》がいえる仲《なか》に)ならないと冗談《じょうだん》をいわない。**

ところで、イギリス人《じん》、フランス人《じん》、ドイツ人《じん》、アメリカ人《じん》、日本人《にほんじん》が冗談《じょうだん》に対《たい》し、どのように反応《はんのう》するかを見《み》てみましょう。

イギリス人《じん》
冗談《じょうだん》を最後《さいご》までしっかり聞《き》いて、それからおもむろに笑《わら》う。

フランス人《じん》
半分《はんぶん》聞《き》いただけで笑《わら》いだす。

ドイツ人《じん》
一晩《ひとばん》考《かんが》えて翌朝《よくあさ》になってから笑《わら》う。

アメリカ人《じん》
笑《わら》わない。その冗談《じょうだん》は古《ふる》い、もっと新《あたら》しいものを知《し》っているなどという。

日本人《にほんじん》
理解《りかい》できていないのに、ただ笑《わら》う。

これは、一般的《いっぱんてき》によくいわれていることで、日本人《にほんじん》が英語《えいご》が理解《りかい》できないことをからかっていったものではありません。実《じつ》は、日本人《にほんじん》は、冗談《じょうだん》のセンスがないといわれているのです。

たしかに、日本人《にほんじん》は英語《えいご》が苦手《にがて》であることもあいまって、冗談《じょうだん》を理解《りかい》もしていないのに、まわりにあわせてニタニタしていることがよくあります。それは、「ジャパニーズ・スマイル」などといわれ、ふしぎに思《おも》われることがあるそうです。ジャパニーズ・スマイルがもとで、誤解《ごかい》されることはいくらでもあります。

日本人《にほんじん》のユーモア感覚《かんかく》

日本人《にほんじん》がこれからますます国際社会《こくさいしゃかい》に進出《しんしゅつ》して発言力《はつげんりょく》をましていくにつれて、英語《えいご》はもちろん、ユーモア感覚《かんかく》の必要性《ひつようせい》が、どんどん高《たか》まっていきます。しかし、右《みぎ》で記《しる》したように、世界《せかい》のなかで日本人《にほんじん》は、ユーモアのセンスにかけたつまらない国民《こくみん》だと思《おも》われています。

ほんとうに日本人《にほんじん》は、ユーモアにかけた国民《こくみん》なのでしょうか。古《ふる》くから日本《にほん》には落語《らくご》もあれば漫才《まんざい》もあります。喜劇《きげき》もさかんにおこなわれています。伝統芸能《でんとうげいのう》の狂言《きょうげん》は、滑稽《こっけい》を基礎《きそ》とした笑《わら》いの芸能《げいのう》です。このように日本人《にほんじん》は昔《むかし》から笑《わら》いの芸能《げいのう》を豊《ゆた》かに育《はぐく》んできました。

現在《げんざい》ではテレビをつければ、お笑《わら》い番組《ばんぐみ》だらけです。日常生活《にちじょうせいかつ》のなかでも、おもしろい人《ひと》はどこにでもいます。とりわけ大阪《おおさか》の「おばちゃん」のおもしろさは有名《ゆうめい》です。子《こ》どもの世界《せかい》でも、クラスにひとりはおもしろい子《こ》がいます。

実《じつ》は、日本人《にほんじん》は、ヨーロッパやアメリカの人《ひと》たちにひけをとらない、ユーモアのセンスがあるのです。英語落語《えいごらくご》で、そのことを証明《しょうめい》できるのです。これも、英語落語《えいごらくご》をおこなう目的《もくてき》といえるでしょう。

いっしょに笑《わら》うと、人《ひと》と人《ひと》はなかよくなれます。ユーモアを発信《はっしん》して世界《せかい》の人《ひと》びとといっしょに笑《わら》うことは、世界《せかい》の人《ひと》となかよくなることで、英語落語《えいごらくご》の海外公演《かいがいこうえん》は平和《へいわ》活動《かつどう》でもあるのです。Laugh《ラフ》 &《アンド》 Peace《ピース》 がわたしのモットーです。

P8〜9絵／ウノ・カマキリ

1 英語《えいご》小咄《こばなし》に挑戦《ちょうせん》！

長《なが》い一席《いっせき》の落語《らくご》に対《たい》して、短《みじか》い笑《わら》い話《ばなし》が、明治《めいじ》のなかごろから「小咄《こばなし》」（「小噺《こばなし》」「小話《こばなし》」とも書《か》く）とよばれるようになりました。林家《はやしや》三平《さんぺい》師匠《ししょう》の日本語《にほんご》での演技《えんぎ》と大島希《おおしまき》巳江先生《みえせんせい》の英語《えいご》での演技《えんぎ》を見《み》てみましょう。

1 少《しょう》しょうお待《ま》ちください

おっちょこちょいな男《おとこ》

オペレーター

ある男《おとこ》が航空会社《こうくうがいしゃ》に電話《でんわ》すると、オペレーターが出《で》ました。

すみませんが、東京《とうきょう》からホノルルまでどのくらいかかりますか？ ↓①

少《しょう》しょうお待《ま》ちください［たった1分《ぷん》です］。 解説《かいせつ》 ↓②

ええー、すごい！ そんなに早《はや》いの？ ↓③

どうも！

（ガチャン！） ↓④

解説《かいせつ》 英語《えいご》の「少《しょう》しょうお待《ま》ちください＝Just a minute《チャストアミニット》」は「たった1分《ぷん》です」という意味《いみ》にもなる。

パソコンのキーボードを操作《そうさ》しながら、電話《でんわ》に応対《おうたい》する。

おどろいた表情《ひょうじょう》。

電話《でんわ》の受話器《じゅわき》をおく。

扇子《せんす》を固定電話《こていでんわ》の受話器《じゅわき》に見立《みた》て、耳《みみ》にあてる。

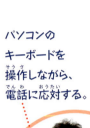

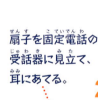

Let's《レッツ》 try《トライ》 it《イト》 in《イン》 English《イングリシュ》!

1 Just《ヂャスト》 a《ア》 minute《ミニット》.

Man《マン》 Operator《アパレイタ》

A《ア》 man《マン》 called《コールド》 an《アン》 airline《エアライン》 company《カンパニ》 and《アンド》 an《アン》 operator《アパレイタ》 answered《アンサード》 the《ザ》 phone《フォウン》.

Excuse《イクスキューズ》 me《ミー》, how《ハウ》 long《ロング》 does《ダズ》 it《イト》 take《テイク》 to《トゥ》 fly《フライ》 from《フロム》 Tokyo《トーキョー》 to《トゥ》 Honolulu《ハナルールー》? →❶

Just《ヂャスト》 a《ア》 minute《ミニット》. 解説《かいせつ》 →❷

Oh《オウ》, wow《ワウ》! That《ザット》 fast《ファスト》?

Thank you《サンキュー》! →❸

(Click《クリック》!) →❹

携帯電話《けいたいでんわ》で電話《でんわ》をかける。

受話器《じゅわき》をもってパソコンを操作《そうさ》し、別《べつ》の担当者《たんとうしゃ》につなごうとする。

電話《でんわ》に向《む》かって満足《まんぞく》そうなしぐさ。

電話《でんわ》の通話終了《つうわしゅうりょう》ボタンをおす。

2 ワニの小咄《こばなし》

外国人《がいこくじん》
日本人《にほんじん》

ねえ、日本語《にほんご》ひとつ教《おし》えてくれない？ ➊

もちろん！

じゃあ……、「ありがとう」はどうかな。

“Thank you《サンキュー》.”っていう意味《いみ》だよ。

おぼえておくにはいい言葉《ことば》だと思《おも》うよ。➋

なるほど、あり……が……と、ありが……と。

むずかしいなあ。➌

ああ、そうか。じゃあ

「アリゲーター」っておぼえれば。

ありがとう、アリゲーター、

ありがとう、アリゲーター、アリゲーター……。

似《に》てるでしょう。➍

（翌日《よくじつ》）

はい。コーヒー買《か》ったよ。ぼくのおごりだ。➎

わあ、えーと……、クロコダイル！ 解説《かいせつ》 ➏

解説《かいせつ》 アリゲーターはアメリカ大陸《たいりく》や中国《ちゅうごく》に生息《せいそく》するワニ、クロコダイルはアフリカやオーストラリアに生息《せいそく》する大型《おおがた》のワニをさす。日本語《にほんご》ではどちらも「ワニ」とよぶが、英語《えいご》では区別《くべつ》してよんでいる。

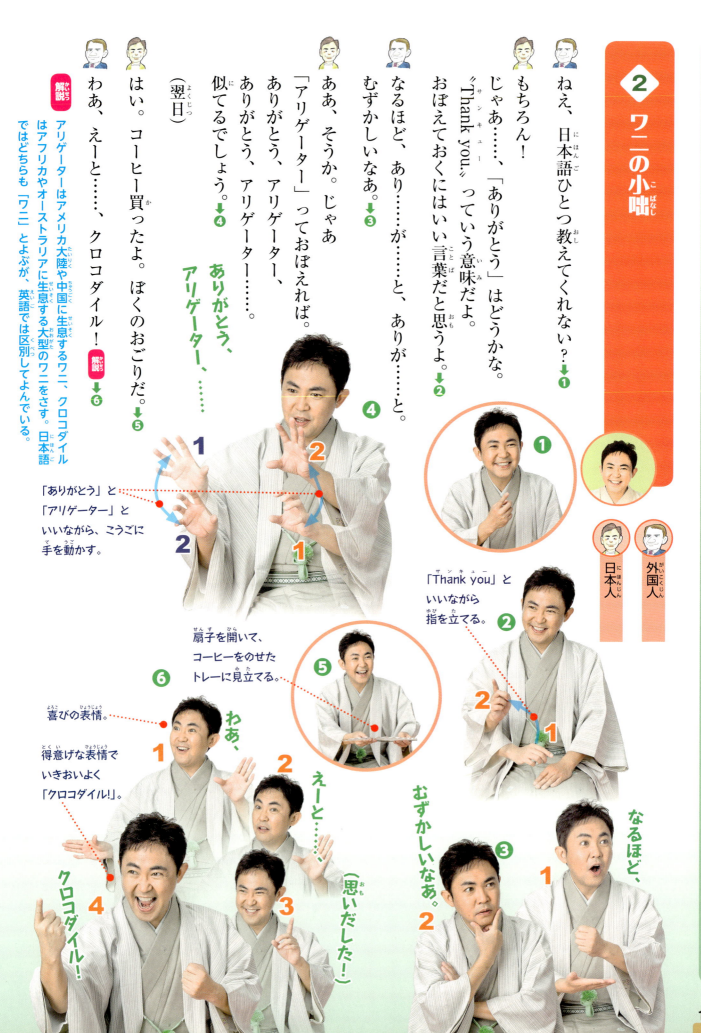

Let's《レッツ》 try《トライ》 it《イト》 in《イン》 English《イングリシュ》!

2 Crocodile《クラコダイル》!

Foreign《フォーリン》 man《マン》

Japanese《ヂャパニーズ》 man《マン》

Hey《ヘイ》, can《キャン》 you《ユー》 teach《ティーチ》 me《ミー》 a《ア》 Japanese《ヂャパニーズ》 word《ワード》? →❶

Sure《シュア》! How《ハウ》 about《アバウト》...Arigato《アリガトー》. It《イト》 means《ミーンズ》 thank you《サンキュー》.
It's《イツ》 a《ア》 nice《ナイス》 word《ワード》 to《トゥ》 remember《リメンバ》. →❷

OK《オウケイ》, Ari《アリ》...ga《ガ》...to《ト》, Ariga《アリガ》...to《ト》. It's《イツ》 difficult《ディフィカルト》. →❸

Ah《アー》, OK《オウケイ》. Then《ゼン》 remember《リメンバ》 it《イト》 as《アズ》, alligator《アリゲイタ》.
Arigato《アリガトー》, arigato《アリガトー》, alligator《アリゲイタ》...they《ゼイ》 sound《サウンド》 similar《スィミラ》. →❹

(Next《ネクスト》 day《デイ》)

Here《ヒア》, I'll《アイル》 buy《バイ》 you《ユー》 a《ア》 cup《カップ》 of《オヴ》 coffee《コフィ》.
It's《イツ》 on《アン》 me《ミー》. →❺

Wow《ワウ》, ah《アー》... →❻
Crocodile《クラコダイル》! →❼

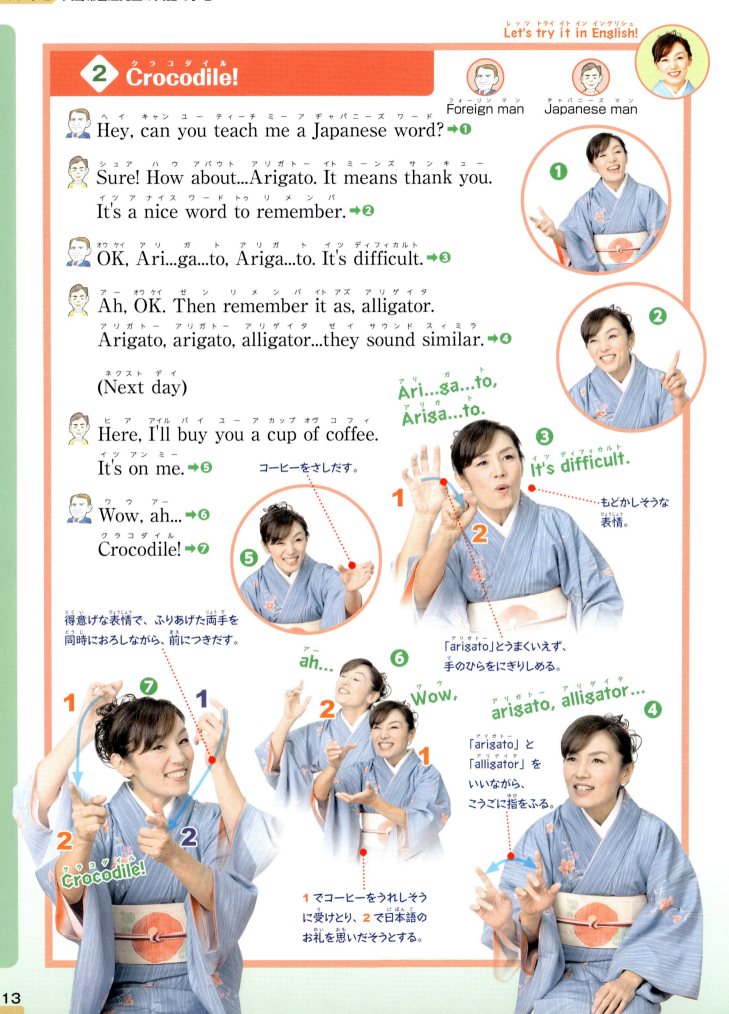

③ 大工《だいく》？

徳《とく》さん　源《げん》さん

徳《とく》さん、どうも！ ⬇①

ああ、源《げん》さん。⬇②

このあいだつくってあげた本棚《ほんだな》どうだい？⬇③

あ、あれはもうこわれちゃったよ。あれはよくなかったね。⬇④

何《なん》だって？　どうして？

まさか何《なに》かおいたんじゃないだろうね？⬇⑤

「あれは」で右手《みぎて》で指《ゆび》さし、「こわれちゃったよ」で両手《りょうて》の手《て》のひらを下《した》に向《む》けておろし、下《した》に落《お》ちたことをしめす。

手《て》ぶりで本棚《ほんだな》の形《かたち》をしめす。

腕《うで》を組《く》み考《かんが》える。

少《すこ》し間《ま》をおく。

「まさか……」と上手《かみて》を向《む》いて指《ゆび》さしながら問《と》いかける。

Let's《レッツ》 try《トライ》 it《イト》 in《イン》 English《イングリシュ》!

3 Carpenter《カーペンター》?

Gen《ゲン》　Toku《トク》

Hey《ヘイ》, Toku《トク》! ➡❶

Hey《ヘイ》, Gen《ゲン》. ➡❷

How《ハウ》 is《イズ》 the《ザ》 bookshelf《ブクシェルフ》
I《アイ》 built《ビルト》 for《フォー》 you《ユー》 the《ズィ》 other《アザ》 day《デイ》? ➡❸

Oh《オウ》, it's《イツ》 broken《ブロウクン》 already《オールレディ》. ➡❹
It《イト》 was《ワズ》 no《ノウ》 good《グッド》. ➡❺

What《ワット》? Why《ワイ》? ➡❻ You《ユー》 didn't《ディドント》 put《プット》 anything《エニスィング》 on《アン》 it《イト》, did《ディド》 you《ユー》? ➡❼

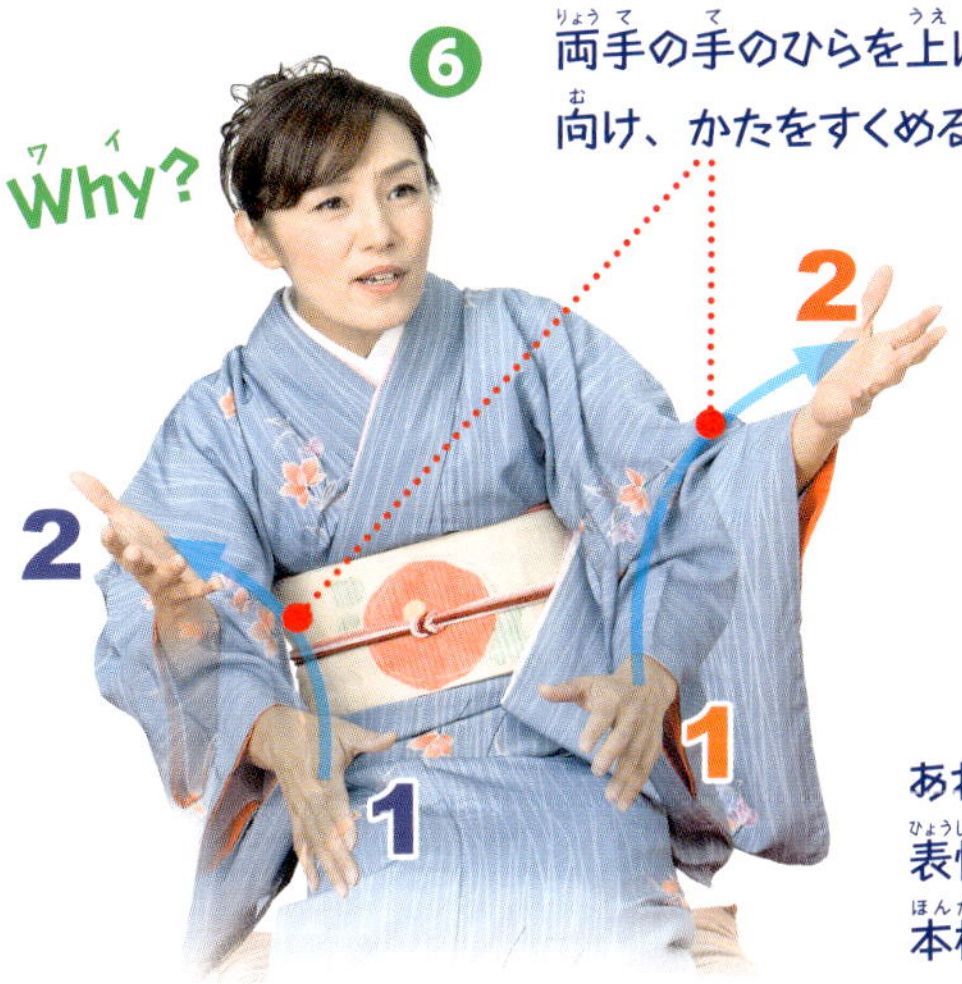

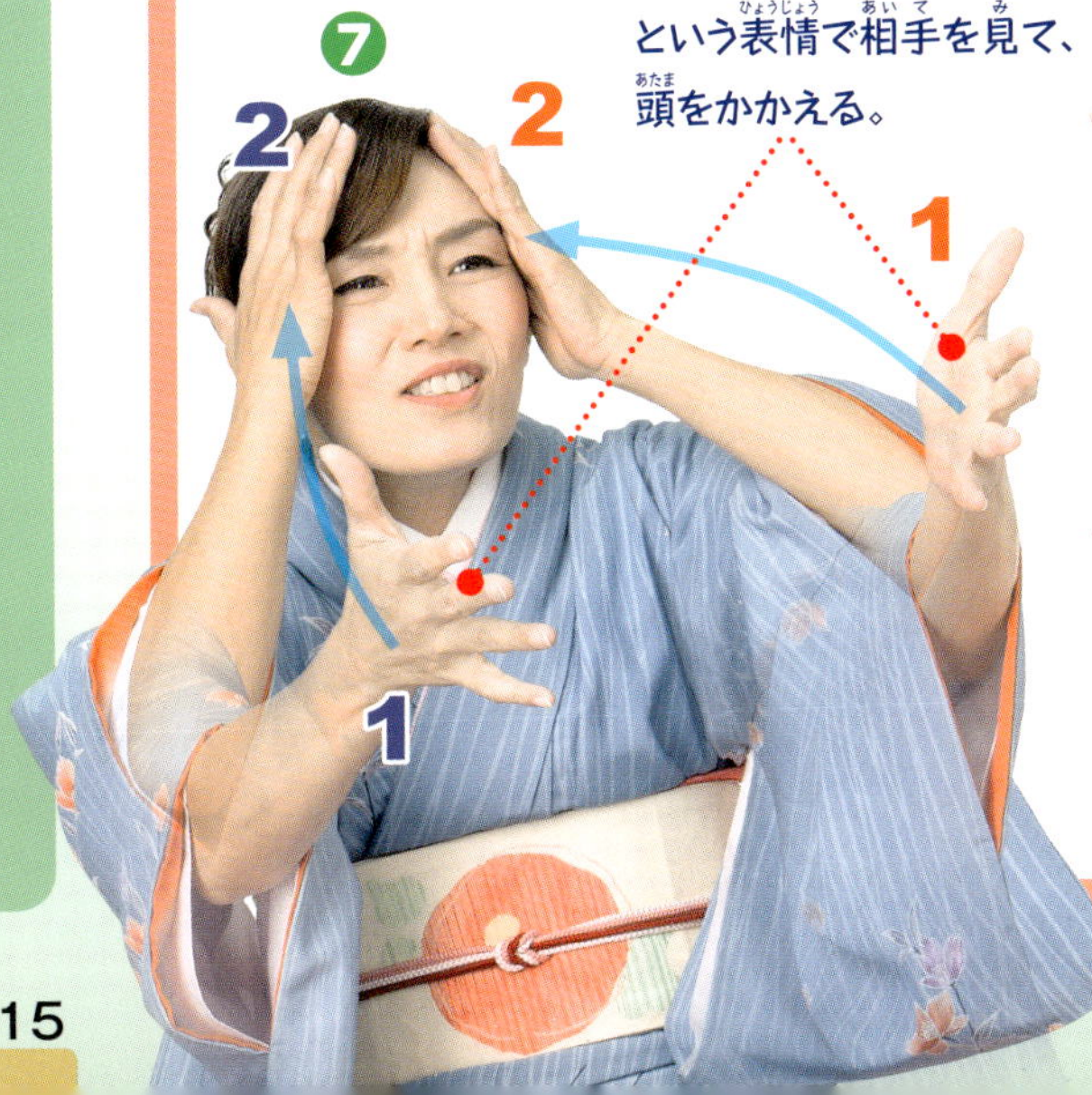

4 猫《ねこ》の名前《なまえ》

父親《ちちおや》

子《こ》ども

猫《ねこ》をもらったんだ。何《なに》かいい名前《なまえ》をつけたいな。強《つよ》そうで力《ちから》の出《で》そうな名前《なまえ》って何《なに》かな？

うーん。トラなんてどうだ？ ネコ科《か》のなかで一番強《いちばんつよ》いぞ。↓①

いいね。この猫《ねこ》は、トラだ。

待《ま》てよ。トラよりも竜《りゅう》の方《ほう》が強《つよ》いな。竜《りゅう》ってのはどうだ？↓②

そうだね、じゃあ、この猫《ねこ》は竜《りゅう》だ。

いや、待《ま》て。雲《くも》の方《ほう》が竜《りゅう》より強《つよ》いかな。竜《りゅう》は雲《くも》に乗《の》って空《そら》にのぼっていくもんだ。↓③

そうか、じゃあ、この猫《ねこ》は雲《くも》だ。

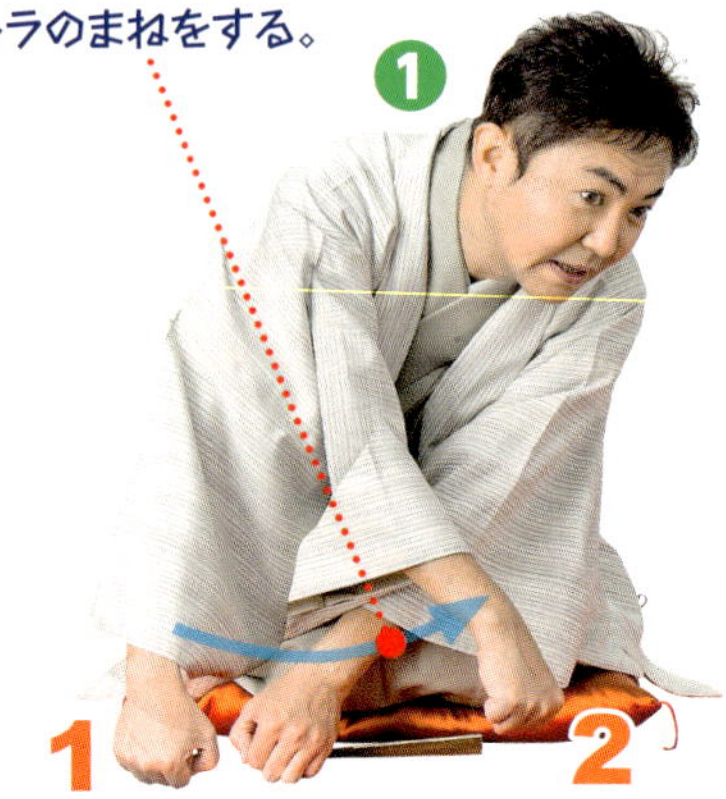

こぶしをにぎった手《て》をこうごに前《まえ》につきだしてトラのまねをする。

目線《めせん》は上向《うわむ》き。

1では両手《りょうて》で竜《りゅう》の前足《まえあし》の形《かたち》をまね、2～3で腰《こし》をうかせてのびあがる。

両手《りょうて》を広《ひろ》げて雲《くも》の大《おお》きさをあらわす。

でも風《かぜ》は雲《くも》をふきとばすよなあ。風《かぜ》の方《ほう》が雲《くも》より強《つよ》いかな。↓④

そうか、じゃあ、この猫《ねこ》は風《かぜ》だね。

もしかしたら壁《かべ》の方《ほう》が風《かぜ》より強《つよ》いかも。風《かぜ》は壁《かべ》をふきとばすことができないだろう。↓⑤

たしかにね、じゃあ、この猫《ねこ》は壁《かべ》だね。

ねずみはどうだ？ ねずみは壁《かべ》より強《つよ》いだろう。壁《かべ》に穴《あな》をあけちまうもんな。↓⑥

なるほど。それじゃ、この猫《ねこ》はねずみだね。

でも待《ま》てよ！ 猫《ねこ》はねずみをつかまえて食《く》っちまうから、猫《ねこ》の方《ほう》が強《つよ》いだろう。↓⑦

へえー、そうか。じゃあ、この猫《ねこ》は猫《ねこ》だ！↓⑧

風《かぜ》がふくようすをしめす。

右手《みぎて》で風《かぜ》をしめす。

左手《ひだりて》で壁《かべ》をしめす。

歯《は》を見《み》せてねずみのまねをする。

こぶしをにぎって猫《ねこ》のまねをする。

子《こ》どものせりふは、かかえている猫《ねこ》を指《ゆび》さしながらしゃべる。

Let's《レッツ》 try《トライ》 it《イト》 in《イン》 English!《イングリシュ》

4 A《ア》 Cat's《キャッツ》 Name《ネイム》

Father《ファーザ》

Child《チャイルド》

I《アイ》 got《ガット》 a《ア》 cat.《キャット》 I《アイ》 want《ワント》 to《トゥ》 give《ギヴ》 it《イト》 a《ア》
good《グッド》 name.《ネイム》 What《ワット》 is《イズ》 a《ア》 strong《ストロング》
and《アンド》 powerful《パウアフル》 name?《ネイム》

Hmm.《フム》 How《ハウ》 about《アバウト》
Tiger?《タイガ》 It's《イツ》 the《ザ》
strongest《ストロンゲスト》 cat.《キャット》→❶

こぶしをにぎって
トラのまねをする。

Good.《グッド》 This《ズィス》 cat《キャット》 is《イズ》 Tiger.《タイガ》

Wait.《ウェイト》 A《ア》 dragon《ドラゴン》 is《イズ》
stronger《ストロンガ》 than《ザン》 a《ア》 tiger.《タイガ》
How《ハウ》 about《アバウト》 Dragon?《ドラゴン》→❷

歯《は》を見《み》せて
するどいきばを
表現《ひょうげん》。

OK,《オウケイ》 so《ソウ》 this《ズィス》 cat《キャット》 is《イズ》 Dragon.《ドラゴン》

No,《ノウ》 wait.《ウェイト》 The《ザ》 clouds《クラウヅ》 are《アー》
stronger《ストロンガ》 than《ザン》 a《ア》 dragon.《ドラゴン》
Dragons《ドラゴンズ》 climb《クライム》 up《アップ》
to《トゥ》 the《ザ》 sky《スカイ》 on《アン》
a《ア》 cloud.《クラウド》→❸

手《て》を高《たか》くあげる。

OK,《オウケイ》 then《ゼン》 this《ズィス》 cat《キャット》 is《イズ》 Cloud.《クラウド》

But《バット》 the《ザ》 wind《ウィンド》 blows《ブロウズ》 the《ザ》 clouds《クラウヅ》
away.《アウェイ》 The《ザ》 wind《ウィンド》 is《イズ》 stronger《ストロンガ》
than《ザン》 a《ア》 cloud.《クラウド》→❹

風《かぜ》がふくようすを
しめす。

右手《みぎて》で風《かぜ》をしめし、
左手《ひだりて》で壁《かべ》をしめす。

OK,《オウケイ》 so《ソウ》 this《ズィス》 cat《キャット》 is《イズ》 Wind.《ウィンド》

Maybe《メイビ》 a《ア》 wall《ウォール》 is《イズ》 stronger《ストロンガ》 than《ザン》
the《ザ》 wind.《ウィンド》 Wind《ウィンド》 cannot《キャナット》 blow《ブロウ》 a《ア》
wall《ウォール》 away.《アウェイ》→❺

Right,《ライト》 so《ソウ》 this《ズィス》 cat《キャット》 is《イズ》 Wall.《ウォール》

How《ハウ》 about《アバウト》 Mouse?《マウス》
A《ア》 mouse《マウス》 is《イズ》 stronger《ストロンガ》
than《ザン》 a《ア》 wall.《ウォール》
It《イト》 can《キャン》 make《メイク》 holes《ホウルズ》
in《イン》 the《ザ》 wall.《ウォール》→❻

歯《は》を見《み》せる。

I《アイ》 see.《スィー》 Then《ゼン》 this《ズィス》 cat《キャット》 is《イズ》 Mouse.《マウス》

But《バット》 wait!《ウェイト》 A《ア》 cat《キャット》 is《イズ》
stronger《ストロンガ》 than《ザン》 a《ア》 mouse,《マウス》
because《ビコーズ》 cats《キャッツ》 catch《キャッチ》
a《ア》 mouse《マウス》 and《アンド》
eat《イート》 it!《イト》→❼

ねずみを
つかまえるしぐさ。

Wow,《ワウ》 OK.《オウケイ》 Then《ゼン》 this《ズィス》
cat《キャット》 is《イズ》 Cat!《キャット》→❽

子《こ》どものせりふは、猫《ねこ》を
だきかかえながらしゃべる。

パート3は、英語表記《えいごひょうき》のため左開《ひだりびら》きにしてあるよ。次《つぎ》は31（2）ページから読《よ》んでね。

さくいん

※かっこ内《ない》の数字《すうじ》はパート3の左開《ひだりびら》きの場合《ばあい》のページです。

あ行《ぎょう》

アメリカ……4、5、8、9
アメリカ人《じん》……4、8
アリゲーター……12
イギリス人《じん》……8
イスラエル……5
インド……5
器《うつわ》……6、21（12）、22（11）
オーストラリア……5、12
オペレーター……10

か行《ぎょう》

風《かぜ》……16、17
桂《かつら》あさ吉《きち》……5、6
桂《かつら》かい枝《し》……5、7
桂《かつら》枝《し》雀《じゃく》……4
壁《かべ》……16、17
かまぼこ……21（12）、22（11）、28（5）、29（4）
喜劇《きげき》……9
狂言《きょうげん》……9
雲《くも》……16
クロコダイル……12
携帯電話《けいたいでんわ》……11
航空会社《こうくうがいしゃ》……10
小銭《こぜに》……20（13）、26（7）、27（6）
固定電話《こていでんわ》……10
古典落語《こてんらくご》……5
小咄《こばなし》……10

さ行《ぎょう》

ざぶとん……31（2）
ジャパニーズ・スマイル……9
笑福亭鶴笑《しょうふくていかくしょう》……5
汁《しる》……21（12）、23（10）、28（5）、29（4）
シンガポール……5
新作落語《しんさくらくご》……5
スポンジケーキ……21（12）、22（11）、28（5）
銭《ぜに》……21（12）、27（6）
扇子《せんす》……7、10、30（3）
そば……6、21（12）、23（10）、25（8）、29（4）、31（2）
そば屋《や》……20（13）、22（11）、25（8）、26（7）、27（6）、28（5）、30（3）、31（2）

た行《ぎょう》

手《て》ぬぐい……7
ドイツ人《じん》……8
「時《とき》うどん」……6
「時《とき》そば」……6、31（2）
トラ……16、17
どんぶり……21（12）、22（11）、23（10）、28（5）、29（4）、30（3）

な行《ぎょう》

猫《ねこ》……16、17
ねずみ……16、17

は行《ぎょう》

箸《はし》……22（11）、23（10）、24（9）、30（3）
フィリピン……5
フランス人《じん》……8
文化庁文化交流使《ぶんかちょうぶんかこうりゅうし》……5
本棚《ほんだな》……14、15

ま行《ぎょう》

マレーシア……5
漫才《まんざい》……9

や行《ぎょう》

ヨーロッパ……8、9

ら行《ぎょう》

竜《りゅう》……16

わ行《ぎょう》

ワニ……12
割《わ》り箸《ばし》……28（5）、29（4）、30（3）

英語《えいご》さくいん

※この本《ほん》に出《で》てくる英語《えいご》の名詞《めいし》・慣用句《かんようく》・あいさつなどが調《しら》べられるようになっています。
また、かっこ内《ない》の数字《すうじ》はパート３の左開《ひだりびら》きの場合《ばあい》のページです。

あ行《ぎょう》

明日《あした》の夜《よる》 • tomorrow《トゥマロウ》 night《ナイト》 …… 25(8)
穴《あな》 • hole(s)《ホウル(ズ)》 …… 17
ありがとう。• Thank《サンキュー》 you. …… 11、12、13、21(12)、25(8)、26(7)、31(2)
アリゲーター • alligator《アリゲイタ》 …… 13
いくらだい？ • How《ハウ》 much《マッチ》 is《イズ》 it《イト》? …… 28(5)
今何時《いまなんどき》だい？ • What《ワット》 time《タイム》 is《イズ》 it《イト》 now《ナウ》? …… 20(13)、27(6)
器《うつわ》(どんぶり) • bowl《ボウル》 …… 21(12)、22(11)
男《おとこ》 • man《マン》 …… 11
オペレーター • operator《アパレイタ》 …… 11

か行《ぎょう》

風《かぜ》 • wind《ウィンド》 …… 17
壁《かべ》 • wall《ウォール》 …… 17
かまぼこ • fish《フィッシュ》 cake《ケイク》 …… 22(11)、28(5)、29(4)
紙《かみ》 • paper《ペイパ》 …… 28(5)
雲《くも》 • cloud(s)《クラウ(ド・ヅ)》 …… 17
クロコダイル • crocodile《クラコダイル》 …… 13
航空会社《こうくうがいしゃ》 • airline《エアライン》 company《カンパニ》 …… 11
コーヒー • coffee《コフィ》 …… 13
小銭《こぜに》 • small《スモール》 change《チェインジ》 …… 21(12)、27(6)
今夜《こんや》 • tonight《トゥナイト》 …… 25(8)、30(3)

さ行《ぎょう》

さあどうぞ。• Here《ヒア》 you《ユー》 go《ゴウ》. …… 30(3)
少《しょう》しょうお待《ま》ちください。• Just《ヂャスト》 a《ア》 minute《ミニット》. …… 11
汁《しる》 • soup《スープ》 …… 21(12)
スポンジケーキ • sponge《スパンヂ》 cake《ケイク》 …… 21(12)、22(11)、28(5)
すみません。• Excuse《イクスキューズ》 me《ミー》. …… 11
そば • noodles《ヌードルズ》 …… 21(12)、23(10)、25(8)、29(4)、31(2)
そば屋《や》(人《ひと》) • Noodle-man《ヌードルマン》 …… 20(13)、25(8)、27(6)、31(2)
そば屋《や》(店《みせ》) • noodle《ヌードル》 shop(s)《シャップ(ス)》 …… 22(11)、24(9)、28(5)、30(3)、31(2)
空《そら》 • sky《スカイ》 …… 17

た行《ぎょう》

たった１分《ぷん》です。• Just《ヂャスト》 a《ア》 minute《ミニット》. …… 11
手《て》 • hand《ハンド》 …… 21(12)、27(6)
電話《でんわ》 • phone《フォウン》 …… 11
東京《とうきょう》 • Tokyo《トーキョー》 …… 11
トラ • tiger《タイガ》 …… 17

な行《ぎょう》

名前《なまえ》 • name《ネイム》 …… 17
日本語《にほんご》 • Japanese《ヂャパニーズ》 word《ワード》 …… 13
猫《ねこ》 • cat《キャット》 …… 17
ねずみ • mouse《マウス》 …… 17

は行《ぎょう》

箸《はし》(割《わ》り箸《ばし》) • chopsticks《チャプスティックス》 …… 24(9)、30(3)
ホノルル • Honolulu《ハナルールー》 …… 11
本棚《ほんだな》 • bookshelf《ブクシェルフ》 …… 15

ま行《ぎょう》

もしかしたら • Maybe《メイビ》 …… 17
もちろん • Sure《シュア》. …… 13
もちろん • of《オヴ》 course《コース》 …… 27(6)

ら行《ぎょう》

竜《りゅう》 • dragon《ドラゴン》 …… 17

学校寄席に挑戦！

林家三平の

みんなが元気になる英語落語入門

パート3 林《はやし》家《や》三平《さんぺい》師匠《ししょう》の英語《えいご》で「時《とき》そば」

※この本《ほん》のパート１・パート２は、右開《みぎびら》きです。パート３のみ、左開《ひだりびら》きでお読《よ》みください。

英語版《えいごばん》 せりふとしぐさ

林家三平師匠《はやしやさんぺいししょう》の演技《えんぎ》を参考《さんこう》に、実際《じっさい》に「時《とき》そば」を英語《えいご》で演《えん》じてみましょう。複数《ふくすう》の登場人物《とうじょうじんぶつ》は、顔《かお》の向《む》きや、口調《くちょう》をかえることで、演《えん》じわけます。

※台本《だいほん》の見方《みかた》は３ページ参照《さんしょう》。

清八《せいはち》

そば屋《や》1

喜六《きろく》

そば屋《や》2

SCENE《スィーン》 1

ざぶとんにすわったらまずおじぎ。

「One《ワン》」というせりふとともに指《ゆび》をさす。

Hey《ヘイ》, Mr.《ミスタ》 Noodle-man《ヌードルマン》! →①

おーい、そば屋《や》さん*！

Welcome《ウェルカム》 to《トゥ》 my《マイ》 noodle《ヌードル》 shop《シャップ》. →②

どうもいらっしゃいませ。

もみ手《て》をしながら軽《かる》く頭《あたま》をさげる。

One《ワン》 bowl《ボウル》 of《オヴ》 hot《ハット》 noodles《ヌードルズ》, please《プリーズ》. →③

熱《あつ》いそば一杯《いっぱい》たのむよ。

Yes《イエス》, thank《サン》 you《キュー》. →④

へい、ありがとうございます。

手《て》をそろえておじぎする。

* 江戸時代《えどじだい》、まちには移動式《いどうしき》の屋台《やたい》で商売《しょうばい》する人《ひと》が多《おお》くいた。夜《よる》になるとかけ声《ごえ》をかけて歩《ある》くそばの屋台《やたい》があらわれ「夜《よ》なきそば」とよばれた。

5
うでをさすりながら
「It's《イツ》 cold《コウルド》 tonight《トゥナイト》」
と話《はな》しかける。
1
2
1
2

Ah,《アー》 it's《イツ》 cold《コウルド》 tonight,《トゥナイト》 isn't《イズント》 it?《イト》 →⑤

ああ、今夜《こんや》は寒《さむ》いじゃないか、ねえ？

Yes,《イエス》 it《イト》 is《イズ》 very《ヴェリ》 cold《コウルド》 tonight.《トゥナイト》

ええ、今夜《こんや》はずいぶん寒《さむ》いですね。

Here《ヒア》 you《ユー》 go.《ゴウ》→⑥

さあどうぞ。

6
落《お》ちついた
にこやかな表情《ひょうじょう》。
前《まえ》に乗《の》りだしながら、
どんぶりをさしだす
しぐさ。
2
2
1
1

Is《イズ》 it《イト》 ready!?《レディ》 →⑦

もうできたの!?

You《ユー》 are《アー》 so《ソウ》 quick!《クウィック》

あんた、はやいねえ！

7
おどろいた表情《ひょうじょう》。

Let《レット》 me《ミー》 see...《スィー》

Oh,《オウ》 you《ユー》 provide《プロヴァイド》
new《ニュー》 chopsticks!《チャプスティックス》 →⑧

どれどれ……おっ、
新《あたら》しい箸出《はしだ》すの！

8
2
扇子《せんす》を割《わ》り箸《ばし》に
見立《みた》てもちあげる。
1

Usually,《ユージュアリ》 other《アザ》 noodle《ヌードル》 shops《シャップス》
provide《プロヴァイド》 old《オウルド》 chopsticks.《チャプスティックス》

だいたいほかのそば屋《や》は
古《ふる》い箸出《はしだ》してくるからね。

That's《ザッツ》 not《ナット》 good!《グッド》 →⑨

あれはよくないよね！

「That's《ザッツ》 not《ナット》 good!《グッド》」のあとに割《わ》り箸《ばし》をわる。
割《わ》り箸《ばし》に見立《みた》てた扇子《せんす》を軽《かる》くくわえ、すこし
引《ひ》っぱって開《ひら》いたらはなし、扇子《せんす》をとじて
パチンと音《おと》をならす。
9
1
2
snap《スナップ》!

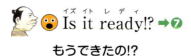

Sound《サウンド》 of《オヴ》 blowing《ブロウイング》 on《アン》 and《アンド》 eating《イーティング》 noodles《ヌードルズ》 ➡❶❷

フウフウふいてズルズル食《た》べる

フウフウ息《いき》を
ふいてさます。
フウフウ
割《わ》り箸《ばし》でそばを
もちあげる。
1
2
3
4
❶
音《おと》をたて
いきおい
よくすする。

どんぶりに
口《くち》をつけて
音《おと》をたてて
汁《しる》を飲《の》む。
1
2
❷

Oh《オウ》, good《グッド》 noodles《ヌードルズ》. ➡❸

うん、いいそばだ。

Sometimes《サムタイムズ》 noodles《ヌードルズ》 are《アー》 too《トゥー》 soft《ソフト》.

ときどきそばがやわらかすぎたりするんだよ。

They《ゼイ》 are《アー》 no《ノウ》 good《グッド》.

あれはよくないね。

満足《まんぞく》した表情《ひょうじょう》で
顔《かお》をあげる。
❸
手《て》はどんぶりを
もったまま。

Sound《サウンド》 of《オヴ》 blowing《ブロウイング》 on《アン》 and《アンド》 eating《イーティング》 noodles《ヌードルズ》 ➡❹

フウフウふいてズルズル食《た》べる

さらに、そばを
食《た》べる。
❹
2
1

Oh《オウ》, look《ルック》 at《アット》 this《ズィス》 fish《フィッシュ》 cake《ケイク》!

おっ、このかまぼこ！

This《ズィス》 is《イズ》 very《ヴェリ》 thick《スィック》. ➡❺

これはずいぶん厚《あつ》く切《き》ってあるね。

かまぼこをちゅうにかざして
うれしそうに見《み》あげる。
❺
かまぼこの
厚《あつ》さにおどろく。
2
1

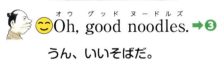

Usually《ユージュアリ》, other《アザ》 noodle《ヌードル》 shops《シャップス》 cut《カット》 fish《フィッシュ》 cake《ケイク》 very《ヴェリ》 thin《スィン》, like《ライク》 a《ア》 piece《ピース》 of《オヴ》 paper《ペイパ》.

たいてい、ほかのそば屋《や》はかまぼこを紙《かみ》みたいに薄《うす》く切《き》るんだよ。

Eating《イーティング》 fish《フィッシュ》 cake《ケイク》 ➜❻

かまぼこを食《た》べる

ゆっくりとかむことで、
かまぼこの
厚《あつ》みを表現《ひょうげん》する。
大《おお》きく口《くち》を開《ひら》いて
かまぼこを
食《た》べる。
❻
1
2

Ah《アー》, yes《イエス》, this《ズィス》 is《イズ》 real《リール》 fish《フィッシュ》 cake《ケイク》. ➜❼

うん、よし、本物《ほんもの》のかまぼこだ！

Sometimes《サムタイムズ》 other《アザ》 noodle《ヌードル》 shops《シャップス》 use《ユーズ》 sponge《スパンヂ》 cake《ケイク》 instead《インステッド》.

ときどき、スポンジケーキ*を入《い》れてるそば屋《や》があるんだよなあ。

*古典落語《こてんらくご》の台本《だいほん》では「麩《ふ》」だが、外国《がいこく》にはないためスポンジケーキと表現《ひょうげん》している。

❼
かまぼこを
かみながら話《はな》す。

Ah《アー》, they《ゼイ》 were《ワー》 delicious《ディリシャス》! ➜❽❾

ああ、うまかった！

❽
1
2
どんぶりをかたむけ、
汁《しる》を飲《の》みほす。

❾
2
1
右手《みぎて》にもった割《わ》り箸《ばし》をおく。
右手《みぎて》に割《わ》り箸《ばし》をもったまま
左手《ひだりて》でどんぶりをおく。

How《ハウ》 much《マッチ》 is《イズ》 it《イト》? ➜❿

いくらだい？

It《イト》 is《イズ》 sixteen《スィクスティーン》 yen《イェン》.

16円《えん》です。

満足《まんぞく》そうな表情《ひょうじょう》。
❿

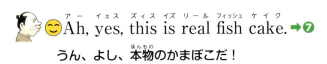

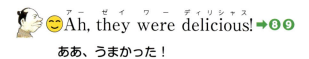

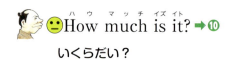

※このパートは、英語表記《えいごひょうき》のため左開《ひだりびら》きにしてあります。31(2)ページからお読《よ》みください。

I《アイ》 see《スィー》, sixteen《スィクスティーン》 yen《イェン》... I《アイ》 have《ハヴ》 small《スモール》 change《チェインジ》.

なるほど、16円《えん》ね……銭《ぜに》が細《こま》かいんだ。

Can《キャン》 you《ユー》 give《ギヴ》 me《ミー》 your《ユア》 hand《ハンド》? ➡❶

手《て》かしてくれるかい？

相手《あいて》を指《ゆび》さして
話《はな》しかける。

Yes《イェス》, of《オヴ》 course《コース》. ➡❷

ええ、もちろんです。

Small《スモール》 change《チェインジ》 would《ウド》 be《ビー》 better《ベタ》.

小銭《こぜに》はかえって
助《たす》かりますんで。

もみ手《て》をしながら話《はな》す。

OK《オウケイ》, Noodle-man《ヌードルマン》.

よし、そば屋《や》さん。

I'll《アイル》 pay《ペイ》 you《ユー》 one《ワン》 coin《コイン》 at《アット》 a《ア》 time《タイム》. ➡❸

ひとつずつわたすからな。

小銭《こぜに》をとりだすため、袖《そで》の
なかに手《て》を入《い》れる。

とりだした小銭《こぜに》をにぎったまま、
店主《てんしゅ》の手《て》のひらめがけて
うでを大《おお》きく動《うご》かす。

目線《めせん》は相手《あいて》の
手《て》のひらに向《む》ける。

「One《ワン》, two《トゥー》, ……」
のせりふにあわせて
リズムよく、店主《てんしゅ》の
手《て》のひらに小銭《こぜに》を
おいていく。

One《ワン》, two《トゥー》, three《スリー》, four《フォー》, five《ファイヴ》, six《スィクス》, seven《セヴン》, eight《エイト》, ... oh《オウ》, what《ワット》 time《タイム》 is《イズ》 it《イト》 now《ナウ》? ➡❹❺❻

ひとつ、ふたつ、みっつ、よっつ、いつつ、
むっつ、ななつ、やっつ、……
えー、今何時《いまなんどき》だい？

急《きゅう》に店主《てんしゅ》の顔《かお》を
見《み》て、時間《じかん》を
たずねる。

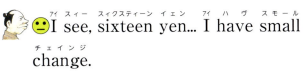

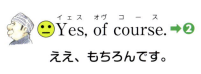

Ah《アー》, nine《ナイン》. ➡⑦

ああ、ここのつで。

月《つき》の位置《いち》を見《み》て
時間《じかん》をたしかめる。

突然《とつぜん》時間《じかん》を
聞《き》かれて
とまどう表情《ひょうじょう》。

Ten《テン》, eleven《イレヴン》, twelve《トウェルヴ》, thirteen《サーティーン》,
fourteen《フォーティーン》, fifteen《フィフティーン》, sixteen《スィクスティーン》. ➡⑧

とお、じゅういち、じゅうに、じゅうさん、
じゅうし、じゅうご、じゅうろく。

店主《てんしゅ》の返事《へんじ》に続《つづ》けて
小銭《こぜに》を数《かぞ》えはじめる。

Yes《イェス》, yes《イェス》, sixteen《スィクスティーン》 yen《イェン》. ➡⑨

はいはい、16円《えん》で。

清八《せいはち》の「trick《トリック》」に
気《き》づかず、両手《りょうて》で
小銭《こぜに》を受《う》けとり、
笑顔《えがお》を見《み》せる店主《てんしゅ》。

I《アイ》 will《ウィル》 come《カム》 back《バック》
sometime《サムタイム》. ➡⑩

またそのうちくるからな。

手《て》をあげて
あいさつする。

Thank you《サンキュー》. ➡⑪

ありがとうございましたー。

人《ひと》のよいそば屋《や》の店主《てんしゅ》は、
だまされたことに最後《さいご》まで
気《き》づかず、もみ手《て》をして
清八《せいはち》を見《み》おくる。

※このパートは、英語表記《えいごひょうき》のため左開《ひだりびら》きにしてあります。31(2)ページからお読《よ》みください。

SCENE《スィーン》 2

Wow《ワウ》... That《ザット》 was《ワズ》 a《ア》 good《グッド》 trick《トリック》!! ➡①

わあ……すごくいい方法《ほうほう》だな!!

I《アイ》 am《アム》 going《ゴウイング》 to《トゥ》 do《ドゥー》 exactly《イグザクトリ》 the《ザ》 same《セイム》 thing《スィング》 tomorrow《トゥマロウ》 night《ナイト》!

おれも明日《あした》の夜《よる》、まったく同《おな》じように

やってみるぞ！

少《すこ》し体《からだ》を後《うし》ろに引《ひ》き
おどろきの表情《ひょうじょう》。

手《て》をポンとたたき
感心《かんしん》した表情《ひょうじょう》。

清八《せいはち》の「trick《トリック》」を
自分《じぶん》もまねようと
思《おも》いつく。

—next《ネクスト》 night《ナイト》—

……翌日《よくじつ》の夜《よる》……

Hey《ヘイ》, Noodle-man《ヌードルマン》! ➡②

おい、そば屋《や》さん！

目線《めせん》を遠《とお》くに向《む》け
そば屋《や》に声《こえ》をかける。

One《ワン》 bowl《ボウル》 of《オヴ》 hot《ハット》 noodles《ヌードルズ》, please《プリーズ》!

熱《あつ》いそば一杯《いっぱい》たのむよ！

I《アイ》 see《スィー》, thank you《サンキュー》. ➡③

はい、どうも。

つまらなそうな
表情《ひょうじょう》。

うでをさすって寒《さむ》そうに
かたをすくめる。

Well《ウェル》, it's《イツ》 cold《コウルド》 tonight《トゥナイト》, isn't《イズント》 it《イト》? ➡④

えーと、今夜《こんや》は寒《さむ》いよねえ？

Huh《ハ》? It《イト》 is《イズ》 very《ヴェリ》 warm《ウォーム》 tonight《トゥナイト》. ➡⑤

はあ？　今夜《こんや》はだいぶ
あたたかいですよ。

「へんなことを聞《き》かれた」
という表情《ひょうじょう》とともに
返事《へんじ》をする。

思《おも》いがけない返事《へんじ》に
おどろいてのけぞる。

Well《ウェル》, that's《ザッツ》 true《トルー》. ➡⑥

ああ、たしかにそうだな。

Is《イズ》 it《イト》 ready《レディ》? ➡7

もうできた？

Not《ナット》 yet《イェット》?

まだ？

You《ユー》 are《アー》 slow《スロウ》!

お前《まえ》さん、おそいな！

体《からだ》をこきざみに
動《うご》かしたり、
ゆらしたりしながら
待《ま》ち、最後《さいご》は
思《おも》わず相手《あいて》を
指《ゆび》さしてしまう。

Sorry《サリ》. ➡8

悪《わる》いね。

ふきげんな表情《ひょうじょう》で
返事《へんじ》をする。

It's《イツ》 OK《オウケイ》. ➡9

まあいいよ。

店主《てんしゅ》の気分《きぶん》を悪《わる》く
しないよう、思《おも》わず
「OK《オウケイ》」と返《かえ》してしまう。

Let《レット》 me《ミー》 see《スィー》... chopsticks《チャプスティックス》!

どれどれ……お箸《はし》！

Usually《ユージュアリ》, other《アザ》 noodle《ヌードル》 shops《シャップス》
provide《プロヴァイド》 old《オウルド》 dirty《ダーティ》 chopsticks《チャプスティックス》...but《バット》
your《ユア》 chopsticks《チャプスティックス》 are《アー》...dirty《ダーティ》! ➡10

だいたい、ほかのそば屋《や》は古《ふる》くてきたない箸
出すんだよ……
でもお前《まえ》さんとこの
箸《はし》は……きたない！

最初《さいしょ》は箸《はし》を
見《み》ずに話《はな》しかける。

清八《せいはち》をまねて箸《はし》を
ほめようとして、
きたないことに気《き》づき、
おどろきの表情《ひょうじょう》をうかべる。

Did《ディド》 you《ユー》 wash《ウォシュ》 them《ゼム》? ➡11

洗《あら》ってある？

Really《リーリ》? ➡12

ほんとに？

箸《はし》が洗《あら》ってあると聞《き》き、
箸《はし》を見《み》なおす。

やはり
きたないので、
思《おも》わず店主《てんしゅ》に
「Really?《リーリ》」と
再確認《さいかくにん》。

It's《イッツ》 OK《オウケイ》.

まあいいよ。

I《アイ》 can《キャン》 wipe《ワイプ》 it《イト》 off《オフ》. →❶

自分《じぶん》でふくから。

Well《ウェル》, noodles《ヌードルズ》 are《アー》 important《インポータント》. →❷

大事《だいじ》なのはそばだから。

Sometimes《サムタイムズ》 noodles《ヌードルズ》 are《アー》 too《トゥー》 soft《ソフト》.

ときどきそばがやわらかすぎることが
あるんだよ。

They《ゼイ》 are《アー》 no《ノウ》 good《グッド》, but《バット》 your《ユア》
noodles《ヌードルズ》 are《アー》...

あれはよくないよね、だけどお前《まえ》さんとこの
そばは……

Sound《サウンド》 of《オヴ》 blowing《ブロウイング》 on《アン》 and《アンド》 eating《イーティング》 noodles《ヌードルズ》 →❸

フウフウふいてズルズル食《た》べる

... too《トゥー》 soft《ソフト》! →❹

……やわらかすぎ！

So《ソウ》, do《ドゥー》 you《ユー》 use《ユーズ》 fish《フィッシュ》 cake《ケイク》? →5

で、君《きみ》んとこかまぼこ入《い》れている？

Yes《イエス》?

入《い》れてるの？

5
かまぼこが
見《み》あたらない
ことに気《き》づき、
店主《てんしゅ》を見《み》つめる。
手《て》はどんぶりを
かかえたまま。

I《アイ》 have《ハヴ》 been《ビーン》 looking《ルッキング》 for《フォー》 it《イト》,

but《バット》 I《アイ》 cannot《キャナット》 find《ファインド》 any《エニ》. →6

さっきからさがしてるんだけどね、

見《み》つからないんだよ。

Are《アー》 you《ユー》 sure《シュア》?

ほんとに入《い》れた？

しつこくどんぶりの
なかをかきまわして
かまぼこをさがす。
6

Ah《アー》, ah《アー》, I《アイ》 got《ガット》 one《ワン》! →7

あ、ああ、あった！

7
ようやく見《み》つけて
つかれた表情《ひょうじょう》。
どんぶりの
なかでかまぼこを
箸《はし》でつかむ。

No《ノウ》 wonder《ワンダ》 I《アイ》 could《クド》 not《ナット》 find《ファインド》 it《イト》,

it《イト》 is《イズ》 very《ヴェリ》 thin《スィン》 and《アンド》 is《イズ》 stuck《スタック》 to《トゥ》

the《ザ》 bowl《ボウル》. →8

どうりで見《み》つからないわけだ、あんまりうすく

切《き》ってあるから器《うつわ》にぴったりはりついてた。

うすいかまぼこを
月明《つきあ》かりに
かざしてながめる。
2
8
1

Sometimes《サムタイムズ》 other《アザ》 noodle《ヌードル》 shops《シャップス》

use《ユーズ》 sponge《スパンヂ》 cake《ケイク》 instead《インステッド》.

ときどきそば屋《や》ってかまぼこのかわりに

スポンジケーキ入《い》れたりするんだよなあ。

That《ザット》 is《イズ》 terrible《テリブル》.

あれはひどいね。

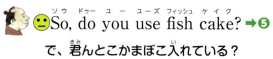

Eats《イーツ》 it《イト》 →❶

食《た》べる

口《くち》をあまりあけずに
うすいかまぼこを
食《た》べる。

Ah《アー》, yes《イェス》, this《ズィス》 is《イズ》 real《リール》
sponge《スパンヂ》 cake《ケイク》! →❷

うん、そう、これ本物《ほんもの》の
スポンジケーキ！

期待《きたい》はずれだったものの、
がまんして食《た》べる。

Eats《イーツ》 noodles《ヌードルズ》

そばを食《た》べる

... So《ソウ》 soggy《サギ》. →❸

……べちゃべちゃ。

やわらかいそばを
音《おと》をたてて食《た》べる。

Drinks《ドリンクス》 soup《スープ》

汁《しる》を飲《の》む

... Salty《ソールティ》. →❹

……しょっぱい。

I'm《アイム》 almost《オールモウスト》 done《ダン》... Terrible《テリブル》!!

もうすぐ終《お》わりだ……もうまずい!!

Get《ゲット》 this《ズィス》 bowl《ボウル》 out《アウト》 of《オヴ》 my《マイ》 sight《サイト》! →❺

この器《うつわ》あっちにやって！

どんぶりを見《み》るのも
いやという表情《ひょうじょう》。

どんぶりのあとに、
箸《はし》をおく。

先《さき》に
どんぶりを
おく。

... I《アイ》 will《ウィル》 pay《ペイ》 you《ユー》 now《ナウ》.

……じゃあはらうよ。

あいそのない
表情《ひょうじょう》で
「Thank《サン》 you《キュー》」。

Thank《サン》 you《キュー》. →❻

ありがとうございます。

It《イト》 is《イズ》 sixteen《スィクスティーン》 yen《イェン》.

16円《えん》です。

This《ズィス》 is《イズ》 the《ズィ》 only《オウンリ》
part《パート》 that《ザット》 is《イズ》 the《ザ》 same《セイム》.

ここだけ同《おな》じだな。

I《アイ》 have《ハヴ》 small《スモール》 change《チェインジ》.

銭《ぜに》が細《こま》かいんだ。

Can《キャン》 you《ユー》 give《ギヴ》 me《ミー》 your《ユア》 hand《ハンド》?

手《て》をかしてくれるかい？

Yes《イェス》, OK《オウケイ》.

はい、もちろん。

Are《アー》 you《ユー》 ready《レディ》 to《トゥ》 get《ゲット》 paid《ペイド》?

用意《ようい》はいいか？

小銭《こぜに》をとりだす
準備《じゅんび》をしながら、
「trick《トリック》」をつかえる
ことがうれしくなり、
思《おも》わず笑《わら》い声《ごえ》を
あげる。

Ha《ハ》, ha《ハ》, ha《ハ》, poor《プア》 noodle-man《ヌードルマン》. →⑦

はっはっは、かわいそうなそば屋《や》め。

What's《ワッツ》 so《ソウ》 funny《ファニ》? →⑧

何《なに》がおかしいんですか？

Oh《オウ》, nothing《ナスィング》.

ああ、なんでもない。

手《て》をさしだして
つまらなそうに
相手《あいて》を見《み》つめる。

OK《オウケイ》. One《ワン》, two《トゥー》, three《スリー》, four《フォー》, five《ファイヴ》, six《スィクス》, seven《セヴン》, eight《エイト》... oh《オウ》, Noodle-man《ヌードルマン》, what《ワット》 time《タイム》 is《イズ》 it《イト》 now《ナウ》? →⑨⑩

よし。ひとつ、ふたつ、みっつ、よっつ、
いつつ、むっつ、ななつ、やっつ……、
そば屋《や》さん、今何時《いまなんどき》だい？

小銭《こぜに》をわたすあいだも
「trick《トリック》」の成功《せいこう》を信《しん》じ
興奮《こうふん》がおさえられず
顔《かお》に出《で》てしまう。

このパートは、英語表記《えいごひょうき》のため左開《ひだりびら》きにしてあるよ。
31(2)ページから読《よ》んでね。

It's《イツ》 five《ファイヴ》. →⑪

いつつで。

月《つき》のぐあいを
見《み》て時間《じかん》を
さぐる。

Six《スィクス》, seven《セヴン》, eight《エイト》, nine《ナイン》... →⑫

むっつ、ななつ、やっつ、ここのつ……

とちゅうで自分《じぶん》の
失敗《しっぱい》に気《き》がつくものの、
引《ひ》っこみがつかずに、
お金《かね》をはらいつづける。

最後《さいご》におじぎをする。

■ 監修／大島希巳江（おおしま・きみえ）

東京生まれ。コロラド州立大学ボルダー校卒業。国際基督教大学大学院教育学（社会言語学）博士。専門分野は社会言語学、異文化コミュニケーション、ユーモア学。現在は神奈川大学外国語学部教授。英語落語プロデューサー・パフォーマー。著書に『世界を笑わそ！―RAKUGO IN ENGLISH』『英語で小噺！』（研究社）、『日本の笑いと世界のユーモア―異文化コミュニケーションの視点から』（世界思想社）など多数。

■ 出演／林家三平（はやしや・さんぺい）

1970年、東京根岸に生まれる。初代林家三平の次男。祖父は七代目林家正蔵。1990年、林家いっ平として落語家の修業に入る。2002年、真打昇進。2009年3月、二代林家三平を襲名。現在、初代三平の資料館「ねぎし三平堂」堂長をつとめる。英語を得意とし、シンガポールで英語落語を披露。このほか中国語落語も演じている。落語のほか、多数のテレビ・ラジオ・CMで活躍している。

■ 編・著／こどもくらぶ

あそび・教育・福祉・国際分野で、毎年100タイトルほどの児童書を企画、編集している。

■ 企画・制作・デザイン／株式会社エヌ・アンド・エス企画
吉澤光夫

■ 撮影／福島章公

■ イラスト／ウノ・カマキリ

■ 写真提供（五十音順）

株式会社 JVC ケンウッド・
ビクターエンタテインメント、
ユニバーサル ミュージック合同会社

この本の情報は、特に明記されているもの以外は、2015年12月現在のものです。

学《がっ》校《こう》寄《よ》席《せ》に挑《ちょう》戦《せん》！　林《はやし》家《や》三《さん》平《ぺい》のみんなが元《げん》気《き》になる英《えい》語《ご》落《らく》語《ご》入《にゅう》門《もん》

2016年１月30日　　初版第１刷発行　　NDC779

発行者　竹内淳夫
発行所　株式会社 彩流社
〒102-0071 東京都千代田区富士見2-2-2
電話　03-3234-5931
FAX　03-3234-5932
E-mail　sairyusha@sairyusha.co.jp
http://www.sairyusha.co.jp

印刷・製本　凸版印刷株式会社

※落丁、乱丁がございましたら、お取り替えいたします。
※定価はカバーに表示してあります。

280×210mm　40p
ISBN978-4-7791-5019-7　C8376